मांसाहारी

अंतर्राष्ट्रीय व्यंजन शृंखला

संजीव कपूर की

चायनीज़ कुकिंग

अल्योना कपूर के सहयोग से

पॉप्युलर प्रकाशन
www.popularprakashan.com

राजपाल

पॉप्युलर प्रकाशन प्रा. लि.
301, महालक्ष्मी चेंबर्स
22, भुलाभाई देसाई रोड
मुंबई-400 026.

प्रथम प्रकाशन 2007
प्रथम पुनर्मुद्रण 2011

ISBN 978-81-7028-939-5

चित्रांकन - प्रिन्ट कॉम

भारत में मुद्रित
रेव इंडिया
ए-27, नारायणा इंडस्ट्रियल एरिया
फेज़-2, नई दिल्ली - 110 028

प्रकाशक : रामदास भटकल
पाप्युलर प्रकाशन प्रा. लि.
301, महालक्ष्मी चेंबर्स
22 भुलाभाई देसाई रोड
मुंबई - 400 026

समर्पण

मेरे सभी पाठकों और मेरे अनुयायी प्रवासियों को विश्व के महान व्यंजनों के सफ़र पर. विभिन्न देशों के लाजवाब स्वाद को खोजने और अनुभव का सफ़र हम साथ-साथ जारी रखेंगे.

सह-प्रकाशक
राजपाल एण्ड सन्ज़
कश्मीरी गेट, दिल्ली - 110006
website: www.rajpalpublishing.com
e-mail : mail@rajpalpublishing.com

लेखक की कलम से

चायनीज़ खाद्य-पदार्थ आज भारतीय पाकशास्त्रीय दृश्यावली का इतना अहम हिस्सा बन चुका है कि अगर कोई यह मान ले कि वह भी भारत का ही कोई एक क्षेत्रीय आहार है, तो उसे माफ़ किया जा सकता है. हमने चायनीज़ खाद्य पदार्थ को भारतीय जीभ-स्वाद के अनुकूल बनाने के लिए उसमें इतना कुछ फेर-बदल किया है कि अब तो वह अपने मूल रूप में करीब-करीब अनजाना रह जाएगा और इस प्रक्रिया में एकदम नई पाकशैली निर्मित हो गई है जो दुनिया भर में वह 'इंडियन चायनीज़' के नाम से लोकप्रियता हासिल कर चुकी है.

इस नई किताब में आपको चीन के विभिन्न क्षेत्रों की मौलिक और असली चीनी पाक-प्रणाली का अनुभव प्रदान करने का प्रयास किया गया है और साथ ही इसमें हमारे कुछ लोकप्रिय भारतीय संस्करणों को भी समाविष्ट किया गया है. भारत की तरह ही चीन की विशाल भूमि भी विविध संस्कृतियों और आहार शैलियों की मेज़बान रही है. केंटोनीज़ क्षेत्र की फीकी, लेकिन ज़ायकेदार पाक-प्रणाली हो या फिर चीन की 'खाने की शौकीन' राजधानी मानी जानेवाली शंघाई की 'लाल रसोई' हो, ये सब चीनी पाक-प्रणाली का ही अंग हैं. लेकिन हमारे अपने भारतीय चीनी संस्करण की बहुत करीब की चीनी पाक प्रणाली शेज़वान और हुनान क्षेत्र की है.

शेज़वान व्यंजनों, जैसे शेज़वान एगप्लांट्स (बैंगन) की विशेषता यह होती है कि उसमें अदरक, लहसुन और शेज़वान पेपर का भरपूर इस्तेमाल होता है. 'पेपर' कहलाने पर भी वह न तो काली मिर्च होती है और

न ही मिर्च; बल्कि यह एक बेर होती है और हमारे 'त्रिफल' की मौसेरी बहन होती है. तीखे और खट्टे स्वादवाले और मिर्चयुक्त हुनान क्षेत्र के आहार की अनुगूंज भारत में भी सुनी जा सकती है.

लेकिन, इन क्षेत्रीय विभिन्नताओं के बावजूद, इनके मूल में निहित है आहार का एक दर्शन जो पूरे चायनीज़ पाक-शास्त्र को एकीकृत करने का सूत्र है. आहार को वर्गीकृत किया गया है यिन (शीतकारी आहार) और यांग (उष्ण आहार) में. चीनियों का यह विश्वास है कि यिन और यांग, जो एक वृत्त में एक-दूसरे से जुड़ सकनेवाले दो आकारों के रूप में प्रतीकबद्ध किए जाते हैं, केवल आहार तक सीमित नहीं हैं, बल्कि जीवन के हर पहलू को अनुप्राणित करते हैं.

चीनी आहार तैयार करने में दूसरा महत्त्वपूर्ण तत्त्व है 'पाँच' की चीनी अवधारणा. सुपरिचित पाँच मसाला पाउडर के अलावा चीन पाक-क्रिया में पारंपरिक पाँच स्वादों - मीठा, खट्टा, कड़वा, तीखा और नमकीन जिसके साथ अब 'जियांग' (गंधयुक्त) और 'ज़ियान' (ज़ायकेदार) की महत्ता को भी स्वीकार किया गया है. आदर्श रूप से निष्पादित चायनीज़ व्यंजन, भिन्न-भिन्न स्वाद, रंग, बनावट और गंध के संतुलन और वैषम्य को उपलब्ध कराता है और अंततः भोजन करनेवाले के समग्र कल्याण में योगदान करता है.

चायनीज़ आहार पकाने का रहस्य उसमें समाविष्ट सामग्रियों के ताज़ा होने और उन्हें तैयार करने के तरीके में निहित है. भिन्न-भिन्न बनावट वाली सब्ज़ियों को विषमतापूर्ण या पूरक आकारों और रूपों में

काटा जाता है और इस्तेमाल करते समय ही मैरिनेट या तैयार किया जाता है. अनेक चायनीज़ व्यंजनों में तेज़ आँच पर चलाते हुए भूनने की ज़रूरत पड़ती है, ताकि उनके कुरकुरेपन और ताज़गी को बरक़रार रखा जा सके. उन व्यंजनों में, जो दम देकर दमपुख़्त कर या उबालकर बनाए जाते हैं, पकाने की अवधि के आधार पर सामग्री मिलाई जाती है, ताकि उनकी बनावट बरक़रार रखना सुनिश्चित किया जा सके. ज़ोर इस बात पर है कि पाक-क्रिया इस प्रकार से स्वास्थ्यप्रद और पोषणकारी हो कि वह सभी इंद्रियों को अधिकतम सुख प्रदान कर सके.

एक प्राचीन चीनी कहावत के अनुसार, ''एक बढ़िया भोजन पहले आँखों से खाया जाता है, फिर नाक से और आख़िर में मुँह से.''

मेरी यह शुभकामना है कि इस पुस्तक को अपना पथप्रदर्शक बनाते हुए आप इन प्राचीन, ख़ुशबूदार और ज़ायकेदार पाक-विधियों को अपने-अपने घर में तैयार करने और उनका मज़ा लेने में अनेक ख़ुशगवार घंटे बिताएं.

अनुक्रमणिका

सूप्स एन्ड सैलेड

स्टार्टर्स

मेन कोर्स

राइस एन्ड नूडल्स

डेज़र्ट्स

सॉसेस एन्ड स्टॉक्स

टोमैटो एग ड्रॉप सूप

सामग्री

4 मध्यम आकार के टमाटर, टुकड़े किए हुए
2 अंडे, हल्के फेंटे हुए
2 बड़े चम्मच तेल
1 इंच अदरक (ऐच्छिक), टुकड़े किया हुआ
2-3 लहसुन की कलियाँ, छीलकर टुकड़े की हुई
½ मध्यम आकार का प्याज़, छीलकर टुकड़े किए हुए
4 बड़े चम्मच टमाटर सॉस
4 कप वेजिटेबल स्टॉक (पृष्ठ 96)
1 छोटा चम्मच शक्कर
¼ छोटा चम्मच एमएसजी (ऐच्छिक)
½ छोटा चम्मच सफ़ेद मिर्च पाउडर
2 बड़े चम्मच सफ़ेद फ्लॉर
2 बड़े चम्मच सफ़ेद सिरका
1 बड़ा चम्मच ताज़ा धनिया पत्ती, कटी हुई

विधि

1. एक कड़ाही में तेल गरम करें, उसमें अदरक-लहसुन डालकर एक मिनट तक भूनें. प्याज़ डालकर और एक मिनट तक चलाकर भूनना जारी रखें.
2. इसमें टमाटर और टमाटर सॉस डालकर और दो-तीन मिनट तक तेज़ आँच पर पकाएं. साढ़े तीन कप वेजिटेबल स्टॉक डालकर एक उबाल आने दें. उसमें नमक डालकर, शक्कर, एमएसजी और सफ़ेद मिर्च पाउडर डालें.
3. बचे हुए वेजिटेबल स्टॉक में कॉर्न फ्लॉर मिला लें. इस घोल को कड़ाही में डालकर लगातार चलाते हुए एक मिनट तक पकाएं या सूप गाढ़ा होने तक पकाएं.
4. सिरका डालकर चलाएं. फेंटे हुए अंडे का घोल गरम सूप में नियत धार से डालते रहें और धीरे-धीरे चलाएं, जिससे अंडे के रेशे (धागे) बनने लगें. अंडा जमकर ऊपर तैरने लगेगा.
5. ताज़ा धनिया पत्ती से सजाकर गरमा-गरम परोसें.

स्वीट कॉर्न चिकन सूप

सामग्री

½ कप मकई के दाने
150 ग्राम क्रीम स्टाइल स्वीट कॉर्न
1 कप बोनलेस चिकन,
  उबालकर एकदम बारीक किया हुआ
2 बड़े चम्मच तेल
1 बड़ा चम्मच कटी हुई पत्तागोभी
¼ मध्यम आकार की गाजर, ½ इंच के चौकोर
  टुकड़े किए हुए

4-5 कप चिकन स्टॉक (पृष्ठ 92)
3 बड़े चम्मच कॉर्न फ़्लॉर
¼ छोटा चम्मच सफ़ेद मिर्च पाउडर
½ बड़ा चम्मच शक्कर
¼ छोटा चम्मच एमएसजी (ऐच्छिक)
1 हरे प्याज़ की पत्ती, टुकड़े की हुई

विधि

1. कड़ाही या पैन में तेल गरम करें. पत्तागोभी, गाजर और मकई के दाने डालकर चलाते हुए दो मिनट तक भून लें. चिकन डालकर और दो मिनट तक चलाएं.
2. चिकन स्टॉक डालकर एक उबाल आने दें. कॉर्न फ़्लॉर को आधा कप पानी में मिला लें. क्रीम स्टाइल स्वीट कॉर्न डालकर दो से तीन मिनट तक पकाएं. नमक, सफ़ेद मिर्च पाउडर, शक्कर, एमएसजी और कॉर्नफ़्लॉर का घोल डालकर चलाएं. तेज़ आँच पर लगातार चलाते हुए एक मिनट या सूप गाढ़ा होने तक पकाएं.
3. हरे प्याज़ की पत्ती से सजाकर गरमा-गरम परोसें.

तालुमीन सूप

सामग्री

¼ कप बोनलेस चिकन,
उबालकर एकदम बारीक कटा हुआ
60 ग्राम नूडल्स
1 बड़ा चम्मच तेल
1 इंच अदरक, छीलकर टुकड़े किया हुआ
2 लहसुन की कलियाँ, छीलकर टुकड़े की हुईं
1 छोटी गाजर, साधारण टुकड़े की हुई
4-6 ताज़ा बटन मशरूम, पतले कटे हुए
4-5 कप चिकन स्टॉक (पृष्ठ 92)
1 बड़ा चम्मच लाइट सोया सॉस
¼ छोटा चम्मच सफ़ेद मिर्च पाउडर
¼ छोटा चम्मच एमएसजी (ऐच्छिक)
3 हरे प्याज़ के पत्ते, टुकड़े किए हुए
3 बड़े चम्मच कॉर्न फ़्लॉर
½ बड़ा चम्मच सफ़ेद सिरका
नमक स्वादानुसार

विधि

1. नूडल्स को पर्याप्त पानी में उबालें और छान लें. ठंडे पानी में डालकर हिलाएं और पानी से छानकर एक ओर रख दें.
2. कड़ाही में तेल गरम करें; उसमें अदरक और लहसुन डालकर तेज़ आँच पर एक मिनट तक भून लें. गाजर और मशरूम डालकर और एक मिनट तक भून लें.
3. चिकन स्टॉक डालकर एक उबाल आने दें.
4. उसमें सोया सॉस, सफ़ेद मिर्च पाउडर, एमएसजी और नमक स्वादानुसार डालें और दो से तीन मिनट तक धीमी आँच पर उबालें. चिकन, उबले हुए नूडल्स और प्याज़ की पत्तियाँ (कुछ पत्तियाँ बचाकर रखें) डालकर अच्छी तरह से मिला लें.
5. एक चौथाई कप पानी में कॉर्न फ़्लॉर को अच्छी तरह से घोल लें. सूप में डालकर तेज़ आँच पर पकाएं, चलाना जारी रखें, एक मिनट तक या सूप गाढ़ा होने तक पकाएं. सिरका डालकर चलाएं.
6. बची हुई प्याज़ की पत्तियों से सजाकर गरमा-गरम परोसें.

हॉट एन्ड सॉर चिकन सूप

सामग्री

¼ कप बोनलेस चिकन, उबालकर टुकड़े किए हुए
1 स्लाइस बैम्बू शूट
3 बड़े चम्मच कॉर्न फ़्लॉर
2 बड़े चम्मच तेल
1 छोटा प्याज़, छीलकर टुकड़े किए हुए
2-3 लहसुन की कलियाँ, छीलकर टुकड़े की हुईं
1 इंच अदरक, छीलकर मोटे टुकड़े किया हुआ
2 इंच सेलरी की पत्ती, टुकड़े की हुई
½ मध्यम आकार की गाजर, कद्दूकस की हुई
1 बड़ा चम्मच पत्तागोभी के टुकड़े
2 ताज़ा बटन मशरूम, टुकड़े किए हुए
½ हरी शिमला मिर्च, टुकड़े की हुई
2 फ्रेंच बीन्स, टुकड़े की हुईं
½ छोटा चम्मच सफ़ेद मिर्च पाउडर
½ छोटा चम्मच शक्कर
½ छोटा चम्मच एमएसजी (ऐच्छिक)
2 बड़े चम्मच सोया सॉस
2 बड़े चम्मच ग्रीन चिली सॉस
4-5 कप चिकन स्टॉक (पृष्ठ 92)
2 बड़े चम्मच सफ़ेद सिरका
1 बड़ा चम्मच चिली ऑयल (पृष्ठ 93)
1 हरे प्याज़ की पत्ती, टुकड़े की हुई
नमक स्वादानुसार

चित्र पृष्ठ 10 पर देखें

विधि

1. बैम्बू शूट को एक कप पानी में दो-तीन मिनट तक उबालें; छानकर ठंडा कर लें और उसके टुकड़े कर लें.
2. कॉर्न फ़्लॉर को आधे कप पानी में मिला लें.
3. कड़ाही या सॉस पैन में तेल गरम करें; उसमें प्याज़, अदरक, लहसुन डालकर कुछ सेकंड तक चलाते हुए भूनें.
4. बैम्बू शूट, सेलरी, गाजर, पत्तागोभी, मशरूम, शिमला मिर्च और फ्रेंच बीन्स डालकर दो-तीन मिनट तक या सब्ज़ियों के लगभग पकने तक भूनें, चलाना जारी रखें. चिकन डालकर एक मिनट तक भूनें.
5. सफ़ेद मिर्च पाउडर, नमक, शक्कर, एमएसजी, सोया सॉस और ग्रीन चिली सॉस डालकर अच्छी तरह मिला लें.
6. चिकन स्टॉक डालकर चलाएं और एक उबाल आने दें. कॉर्न फ्लॉर का घोल डालकर चलाएं, और लगातार चलाते हुए एक मिनट तक या सूप गाढ़ा होने तक पकाएं.
7. सिरका डालकर चलाएं, चिली ऑयल छिड़कें और हरे प्याज़ की पत्ती से सजाकर गरमा-गरम परोसें.

शेफ़ का सुझाव

हमने डिब्बाबंद बैम्बू शूट के टुकड़ों का इस्तेमाल किया है, जिसे खारे पानी में रखा जाता है, इसलिए इस्तेमाल से पहले इसे उबालना ज़रूरी है.

स्पाइसी नूडल सैलेड

सामग्री

150 ग्राम राइस नूडल्स
1 मध्यम आकार की ककड़ी, छीलकर, बीच से काटकर, पतले टुकड़े की हुई
1 मध्यम आकार की गाजर, टुकड़े की हुई
1 मध्यम आकार की हरी शिमला मिर्च, चौकोर टुकड़े की हुई
1 मध्यम आकार की चायनीज़ पत्तागोभी, छोटे-छोटे टुकड़े की हुई
1 बड़ा चम्मच चिली ऑयल (पृष्ठ 93)
1 बड़ा चम्मच तिल का तेल
½ बड़ा चम्मच सफ़ेद सिरका
1 बड़ा चम्मच लाइट सोया सॉस
¼ छोटा चम्मच सफ़ेद मिर्च पाउडर
½ इंच अदरक, कसा हुआ
¼ छोटा चम्मच लाल मिर्च, दरदरी पिसी हुई
पुदीने की ताज़ा पत्तियाँ
नमक स्वादानुसार

विधि

1. राइस नूडल्स को गर्म पानी में पाँच मिनट तक भिगोकर रखें, पानी से छानकर एक ओर रख दें.
2. नूडल्स, ककड़ी, गाजर, शिमला मिर्च और चायनीज़ पत्तागोभी एक बाउल में लेकर, धीरे-से उछालकर मिला लें.
3. एक छोटे बाउल में चिली ऑयल, तिल का तेल, सफ़ेद सिरका, सोया सॉस, नमक और सफ़ेद मिर्च पाउडर डालकर अच्छी तरह से मिलाकर ड्रेसिंग तैयार कर लें.
4. ड्रेसिंग और अदरक को नूडल्स में डालकर अच्छी तरह से उछाल लें.
5. दरदरी पिसी हुई लाल मिर्च और पुदीने की पत्तियों से सजाकर परोसें.

चिकन सुई-माई

सामग्री

1 कप चिकन (कीमा)
16 वॉनटॉन रैपर्स (पृष्ठ 91)
1 बड़ा चम्मच तिल का तेल
¼ छोटा चम्मच सफ़ेद मिर्च पाउडर
¼ छोटा चम्मच एमएसजी (ऐच्छिक)
नमक स्वादानुसार

विधि

1. एक कटोरे में चिकन कीमा, तिल का तेल, सफ़ेद मिर्च पाउडर, एमएसजी और नमक एक साथ मिला लें. इसके सोलह समान भाग कर लें.
2. वॉनटॉन रैपर अपनी हथेली पर रख उस पर भरावन रखें, किनारों को इकट्ठा करते हुए उंगलियों से दबाते हुए छोटा बॉल बना लें.
3. इसी तरह से सोलह बॉल बना लें.
4. भाप पर इन बॉल्स को आठ से दस मिनट तक या पककर अर्ध पारदर्शी होने तक पकाएं.
5. शेज़वान सॉस (पृष्ठ 95) के साथ गरमा-गरम परोसें.

चित्र पृष्ठ 20 पर देखें

चिकन स्प्रिंग रोल्स

सामग्री

भरावन

1 कप बोनलेस चिकन,
उबालकर एकदम बारीक कटा हुआ
2 बड़े चम्मच तेल + तलने के लिए
1 मध्यम आकार का प्याज़,
छीलकर पतले टुकड़े किया हुआ
1 मध्यम आकार की गाजर,
पतले लम्बे टुकड़े की हुई
1 मध्यम आकार की हरी शिमला मिर्च,
पतले लम्बे टुकड़े की हुई
¼ छोटी पत्तागोभी, एकदम बारीक कटी हुई
1 बड़ा चम्मच लाइट सोया सॉस
¼ छोटा चम्मच सफ़ेद मिर्च पाउडर
¾ कप अंकुरित बीन्स
2 हरे प्याज़, पत्तियों सहित बारीक कटे हुए
1 बड़ा चम्मच कॉर्न फ़्लॉर + पलेथन (बेलने) के लिए
नमक स्वादानुसार

स्प्रिंग रोल रैपर्स

1 कप कॉर्न फ़्लॉर
¼ कप मैदा
2 अंडे
नमक स्वादानुसार

विधि

1. भरावन के लिए दो बड़े चम्मच तेल एक कड़ाही में गर्म करें; उसमें प्याज़ और गाजर डालकर कुछ मिनट तक भून लें. उसमें चिकन, शिमला मिर्च और पत्तागोभी डालकर एक मिनट तक चलाते हुए भून लें. सोया सॉस, सफ़ेद मिर्च पाउडर और नमक डालकर चला लें.
2. अंकुरित बीन्स और हरे प्याज़ पत्तियों सहित लें. करीब आधा मिनट तक पकाएं. लगातार चलाते रहें. आँच से उतार लें और भरावन को कमरे के तापमान तक ठंडा होने के लिए रख दें.
3. आधा कप पानी में एक बड़ा चम्मच कॉर्न फ़्लॉर डालकर घोल लें.
4. स्प्रिंग रोल रैपर्स बनाने के लिए, मैदा और कॉर्न फ़्लॉर एक कटोरे में मिला लें. उसमें अंडा, नमक और दो कप पानी डालकर अच्छी तरह फेंट लें. उसे बारीक जाली वाली छलनी से छान लें और पंद्रह मिनट तक एक ओर रख दें. यदि गाढ़ा होने लगे तो थोड़ा-सा पानी मिलाकर पहले जितना ही पतला कर लें.
5. आठ इंच मोटा नॉन स्टिक पैन गरम करें, उस पर हल्का-सा तेल लगा लें, और कलछी भरकर घोल उस पैन में डालें. कलछी से घोल को सारे पैन पर फैलाकर अतिरिक्त घोल वापस कटोरे में डाल दें.

6. उसे मध्यम आँच पर तब तक पकाएं जब तक कि किनारे तल छोड़ने लगें. हल्के-से एक ही बार में रोल को पैन से उतार लें. ठंडा कर उस पर थोड़ा-सा कॉर्न फ्लॉर छिड़कें. इसी तरह से आठ रैपर्स बना लें.
7. भरावन को समान आठ भागों में बाँट लें. भरावन के प्रत्येक भाग को हर एक रैपर के अंतिम सिरे के पास रख उसे अच्छी तरह मोड़ लें, मोड़ते हुए उसके किनारों को दबाते जाएं. किनारों को कॉर्न फ्लॉर के घोल से चिपकाएं.
8. कड़ाही में तेल गरम करें; मध्यम आँच पर एक बार में दो ही रोल तलें. लगातार पलटते रहें. कुरकुरे और सुनहरे भूरे होने तक तलें.
9. कागज़ पर रखें. शेज़वान सॉस (पृष्ठ 95) के साथ गरमा-गरम परोसें.

चिली फ़िश केक्स

सामग्री

500 ग्राम बिना काँटे की मछली (जैसे घोल मछली), के पतले टुकड़े
1 बड़ा चम्मच नींबू का रस
2 बड़े चम्मच तेल + भूनने के लिए
1 इंच अदरक, छीलकर टुकड़े किया हुआ
12 लहसून की कलियाँ, छीलकर टुकड़े की हुईं
1 मध्यम आकार का प्याज़, छीलकर टुकड़े किया हुआ
1 छह इंच सेलरी का डंठल, टुकड़े किए हुए
2 छोटे चम्मच रेड चिली पेस्ट
2 बड़े चम्मच सफ़ेद सिरका
½ कप कॉर्न फ़्लॉर
¼ छोटा चम्मच सफ़ेद मिर्च पाउडर
2 बड़े चम्मच ताज़ा धनिया पत्ती, कटी हुई
2 अंडे, हल्के फेंटे हुए
नमक स्वादानुसार

विधि

1 ब्लेंडर या फ़ूड प्रोसेसर में मछली के टुकड़ों को एक चुटकी नमक और नींबू का रस डालकर कीमा (छोटे-छोटे टुकड़े) कर लें.

2. कड़ाही में एक बड़ा चम्मच तेल गरम करें; उसमें अदरक, लहसुन, प्याज़ और सेलरी डालकर एक मिनट तक भूनें. उसमें मछली के बारीक टुकड़े और लाल मिर्च का पेस्ट डालकर दो से तीन मिनट तक भूनें. सिरका डालकर चलाएं और आँच पर से निकालकर उसे ठंडा होने के लिए एक ओर रख दें.

3. जब यह पूरी तरह से ठंडा हो जाए, तब उसमें कॉर्न फ्लॉर, सफ़ेद मिर्च पाउडर और धनिया पत्ती डालकर अच्छी तरह से मिला लें.

4. अंडा और नमक डालकर मिश्रण को मिला लें. अब इसके बीस समान भाग कर लें.

5. मिश्रण के गोले को हथेली पर रखें, उसे दबाकर छोटी पूरी का आकार दे दें.

6. नॉन-स्टिक फ्राइंग पैन गरम करें. उस पर जितने समा सकें उतने ही फ़िश केक एक के बाद एक रखें और हलका-सा तेल छिड़कें. जब एक तरफ सुनहरा भूरा हो जाए तब पलट दें और फिर से हल्का-सा तेल छिड़कें और दूसरी तरफ सुनहरा भूरा होने तक भूनें. तेल सोखने वाले कागज़ पर रखें. गरमा-गरम परोसें.

हनी पोटैटो फ़िंगर्स

सामग्री

4 बड़े आकार के आलू, छीलकर पतले लम्बे टुकड़े किए हुए
4 बड़े चम्मच शहद
½ कप कॉर्न फ़्लॉर
2 बड़े चम्मच तेल + तलने के लिए
2 लहसुन की कलियाँ, छीलकर कुचली हुईं
2 बड़े चम्मच लाइट सोया सॉस
2 बड़े चम्मच होयसिन सॉस
2 बड़े चम्मच लाल मिर्च, दरदरी पिसी हुई
1 छोटा चम्मच नींबू का रस
1 बड़ा चम्मच सूखे सेंके हुए तिल
नमक स्वादानुसार

विधि

1. एक कप पानी में दो बड़े चम्मच कॉर्न फ़्लॉर घोल लें.
2. कड़ाही या पैन में तेल गरम कर लें; बचा हुआ कॉर्न फ़्लॉर आलू के टुकड़ों पर छिड़ककर उन्हें चार से पाँच मिनट तक तल लें; लगातार पलटते रहें. निकालकर तेल सोखने वाले कागज़ पर रखें.
3. दूसरी कड़ाही या पैन में दो बड़े चम्मच तेल गरम करें; उसमें लहसुन डालकर कुछ सेकंड तक भून लें. उसमें सोया सॉस, होयसिन सॉस, दरदरी पिसी लाल मिर्च और स्वादानुसार नमक डालकर चलाएं.
4. उसमें तले हुए आलू के टुकड़े डालकर कॉर्न फ़्लॉर का घोल डालें और चलाएं. मध्यम आँच पर एक मिनट तक पकाएं, लगातार चलाते रहें.
5. आँच कम करके नींबू का रस और शहद डालकर चलाएं, अच्छी तरह मिलाएं और मध्यम आँच पर दो मिनट तक पकाएं.
6. सूखे सेंके हुए तिल छिड़ककर गरमा-गरम परोसें.

क्रिस्पी सिसामी चिकन

सामग्री

4 बोनलेस चिकन ब्रेस्ट,
दो इंच के चौकोर टुकड़े किए हुए
3 बड़े चम्मच तिल
¼ कप कॉर्न फ़्लॉर
¾ कप मैदा
3 अंडे
¼ छोटा चम्मच सफ़ेद मिर्च पाउडर
1 कप + 4 बड़े चम्मच ब्रेड का चूरा
तेल, तलने के लिए
नमक स्वादानुसार

मैरिनेड

1 बड़ा चम्मच टमाटर केचप
1 छोटा चम्मच लाइट सोया सॉस
1 छोटा चम्मच सफ़ेद सिरका
1 छोटा चम्मच अदरक पेस्ट
1 छोटा चम्मच लहसुन पेस्ट
1 छोटा चम्मच रेड चिली पेस्ट
½ छोटा चम्मच एमएसजी (ऐच्छिक)
½ छोटा चम्मच सफ़ेद मिर्च पाउडर
नमक स्वादानुसार

विधि

1. मैरिनेड की सारी सामग्री एक कटोरे में मिला लें; फिर उसमें चिकन के चौकोर टुकड़े डालकर मिला लें, इसे कम से कम एक घंटे तक, संभव हो तो फ्रिज में ढंककर रखें.
2. दूसरे कटोरे में कॉर्न फ़्लॉर, मैदा, अंडा, नमक, सफ़ेद मिर्च पाउडर मिलाकर सामान्य गाढ़ा घोल बना लें.
3. एक प्लेट पर ब्रेड का चूरा और तिल मिला लें. डीप फ्राइंग पैन में तेल गरम करें.
4. मैरिनेट किया हुआ चिकन इस घोल में डुबाएं सारे टुकड़ों में घोल की परत अच्छी तरह से लगी होनी चाहिए, इस बात का ध्यान रखें. घोल में डूबे टुकड़ों को ब्रेड के चूरे और तिल के मिश्रण में घुमाएं.
5. हल्की आँच पर इन्हें कुरकुरा और सुनहरा भूरा होने तक तलें. सोख़्ता कागज़ पर रखें.
6. चिली सॉस के साथ गरमा-गरम परोसें.

चिकन लॉलिपॉप्स

सामग्री

24 साबुत चिकन विंग्स
1 छोटा चम्मच लहसुन पेस्ट
2 छोटे चम्मच लाल मिर्च पेस्ट
1 छोटा चम्मच लाइट सोया सॉस
1 छोटा चम्मच सफ़ेद सिरका
½ छोटा चम्मच सफ़ेद मिर्च पाउडर
¼ छोटा चम्मच एमएसजी (ऐच्छिक)
¾ कप मैदा
¾ कप कॉर्न फ़्लॉर
2 अंडे
6 बड़े चम्मच तेल + तलने के लिए

चित्र पृष्ठ 19 पर देखें

विधि

1. चिकन विंग्स को साफ करके धो लें. विंग्स के सिरे काट लें, पतली हड्डी निकाल दें और मांस खींचकर मोटी हड्डी के एक सिरे की ओर ले जाएं और गोल लॉलिपॉप का आकार दें.
2. लहसुन पेस्ट, एक चम्मच लाल मिर्च पेस्ट, सोया सॉस, सिरका, सफ़ेद मिर्च पाउडर, एमएसजी और नमक को एक साथ मिलाकर मैरिनेड तैयार कर लें. इसमें चिकन विंग्स को दो घंटे तक रखें, संभव हो तो फ्रिज में रखें.
3. इस बीच मैदा कॉर्न फ़्लॉर, अंडा, छह बड़े चम्मच तेल, बचा हुआ लाल मिर्च पेस्ट और नमक आदि एक बाउल में लेकर अच्छी तरह फेंट लें. यदि पानी की आवश्यकता हो तो थोड़ा मिला लें. घोल गाढ़ा और धारकार होना चाहिए. उसे पंद्रह से बीस मिनट तक वैसे ही रहने दें.
4. कड़ाही में तेल गरम करें; विंग्स को घोल में डुबोकर मध्यम आँच पर लगातार हिलाते हुए तीन से चार मिनट तक या कुरकुरे और सुनहरे भूरे होने तक तलें.
5. तेल सोखने वाले कागज़ पर रखें. शेज़वान सॉस (पृ. 98) के साथ गरमा-गरम परोसें.

शेफ़ का सुझाव

चिकन विंग्स के तैयार लॉलिपॉप सुपर मार्केट में मिलते हैं या इसे आप अपने मांस विक्रेता (चिकन शॉप) से कहकर भी बनवा सकते हैं.

प्रॉन मन्चूरियन

सामग्री

12 मध्यम आकार के प्रॉन्स, छिले और नस निकाले हुए
1 अंडा
6 बड़े चम्मच कॉर्न फ़्लॉर
2 बड़े चम्मच लाइट सोया सॉस
4 बड़े चम्मच तेल + तलने के लिए
8-10 लहसुन की कलियाँ, छीलकर टुकड़े की हुई
2 इंच अदरक, छीलकर टुकड़े किया हुआ
1 मध्यम आकार का प्याज़, छीलकर पतला कटा हुआ
3-4 हरी मिर्चें, टुकड़े की हुई
¼ छोटा चम्मच एमएसजी (ऐच्छिक)
1 कप फ़िश स्टॉक (पृष्ठ 94)
1 मध्यम आकार की हरी शिमला मिर्च, पतले लम्बे टुकड़े की हुई
2 बड़े चम्मच सफ़ेद सिरका
2 हरे प्याज़ की पत्तियाँ, कटी हुई
नमक स्वादानुसार

विधि

1. अंडा, चार बड़े चम्मच कॉर्न फ़्लॉर, नमक और एक बड़ा चम्मच सोया सॉस मिलाकर इसमें प्रॉन्स को कम से कम पंद्रह मिनट तक रखें. बचे हुए कॉर्न फ़्लॉर में एक कप पानी डालकर घोल बना लें.
2. एक कड़ाही में तेल गरम करें, उसमें मैरिनेटेड प्रॉन्स दो-तीन मिनट तक तल लें. निकालकर तेल सोखने वाले कागज़ पर रखें.
3. दूसरी कड़ाही में चार बड़े चम्मच तेल गरम करें; उसमें लहसुन और अदरक डालकर दो मिनट तक भून लें.
4. प्याज़ और हरी मिर्च डालकर एक मिनट तक भूनें. बचा हुआ सोया सॉस, एमएसजी, फ़िश स्टॉक और नमक डालकर चलाएं और एक उबाल आने दें.
5. कॉर्न फ़्लॉर का घोल डालकर और एक मिनट तक पकाएं या फिर सॉस गाढ़ा होना शुरू होने तक लगातार चलाते हुए पकाएं.
6. तले हुए प्रॉन्स और शिमला मिर्च डालकर और दो मिनट तक पकाएं. सिरका डालकर, हरे प्याज़ की पत्तियों से सजाकर गरमा-गरम परोसें.

सॉल्ट एन्ड पेपर प्रॉन्स

सामग्री

450 ग्राम किंग प्रॉन्स
1 छोटा चम्मच काली मिर्च पाउडर
10 काली मिर्चें, कुटी हुईं
3 बड़े चम्मच कॉर्न फ़्लॉर
3 बड़े चम्मच लाइट सोया सॉस
2 बड़े चम्मच तेल + तलने के लिए

5 लहसुन की कलियाँ, छीलकर कुचली हुईं
1 इंच अदरक, छीलकर टुकड़े किया हुआ
2 हरे प्याज़, पतले कटे हुए
एक चुटकी एमएसजी (ऐच्छिक)
4 हरे प्याज़ की पत्तियाँ, कटी हुईं
नमक स्वादानुसार

विधि

1. प्रॉन्स के छिलके और पीठ की नस निकाल लें. लेकिन पूँछ को वैसा ही रखें.
2. एक कटोरे में नमक, आधा छोटा चम्मच काली मिर्च पाउडर, (आधा काली मिर्च पाउडर बचाकर रखें) दो बड़े चम्मच कॉर्न फ़्लॉर और एक छोटा चम्मच सोया सॉस एक साथ मिला लें. प्रॉन्स को इसमें डालकर अच्छी तरह से मिलाकर पंद्रह मिनट तक मैरिनेट होने दें. बचे हुए कॉर्न फ़्लॉर में तीन बड़े चम्मच पानी डालकर घोल लें.
3. कड़ाही में तेल गरम कर मैरिनेटेड प्रॉन्स को दो मिनट तक तलें. तेल सोखने वाले कागज़ पर निकालकर रखें.
4. एक दूसरी कड़ाही में दो बड़े चम्मच तेल गरम करें; उसमें लहसुन, अदरक और हरे प्याज़ डालकर दो मिनट तक तेज़ आँच पर भूनें.
5. तले हुए प्रॉन्स, नमक और बचे हुए काली मिर्च पाउडर का कुछ हिस्सा, बचा हुआ सोया सॉस, एमएसजी, कॉर्न फ़्लॉर का घोल और हरे प्याज़ की पत्तियाँ डालें. तेज़ आँच पर चार मिनट तक भूनें या प्रॉन्स पक जाने तक भूनें.
6. गरम प्रॉन्स पर बचा हुआ काली मिर्च पाउडर छिड़ककर परोसें.

शेज़वान एगप्लांट्स

सामग्री

2 मध्यम आकार के एगप्लांट (बैंगन), 1½ इंच के चौकोर टुकड़े किए हुए
3 बड़े चम्मच कॉर्न फ़्लॉर
2 बड़े चम्मच लाल मिर्च पेस्ट
3 बड़े चम्मच टोमैटो सॉस
1 बड़ा चम्मच लाइट सोया सॉस
¼ कप राइस वाइन (ऐच्छिक)
¼ छोटा चम्मच एमएसजी (ऐच्छिक)
2 छोटे चम्मच शक्कर
2 कप वेजिटेबल स्टॉक (पृष्ठ 96)
6 बड़े चम्मच तेल
3-4 सूखी लाल मिर्चें, बीच से दो भाग की हुईं
6-8 शेज़वान पेपर्स
1 इंच अदरक, छीलकर टुकड़े किया हुआ
2 हरे प्याज़ पत्तियों सहित, काटे हुए
1 मध्यम आकार की हरी शिमला मिर्च, 1 इंच के टुकड़े की हुई
1 बड़ा चम्मच सफ़ेद सिरका
नमक स्वादानुसार

विधि

1. एक कप पानी में कॉर्न फ़्लॉर घोल लें. लाल मिर्च पेस्ट, टोमैटो सॉस, सोया सॉस, राइस वाइन, एमएसजी, शक्कर और स्वादानुसार नमक एक कप स्टॉक में मिला लें.
2. एक कड़ाही या बर्तन में चार बड़े चम्मच तेल गरम करें; उसमें लाल मिर्च, शेज़वान पेपर्स, अदरक और लहसुन डालकर कुछ देर तक चलाकर भूनें. उसमें हरे प्याज़ डालकर और एक मिनट तक चलाते रहें. थोड़ी पत्तियाँ सजाने के लिए बचाकर रखें.
3. बैंगन डालकर लगभग पकने तक भूनें, चलाना और उछालना जारी रखें. उसमें सॉस, मसालों का मिश्रण और बचा हुआ स्टॉक डालकर एक उबाल आने दें.
4. कॉर्न फ़्लॉर के घोल को डालकर उसमें शिमला मिर्च डालें और दो से तीन मिनट तक पकाएं या बैंगन पर सॉस की परत चढ़ने तक पकाएं. सिरका डालकर चलाएं.
5. हरे प्याज़ की पत्तियों से सजाकर गरमा-गरम परोसें.

चायनीज़ गार्लिक मशरूम्स

सामग्री

20-24 मध्यम आकार के ताज़ा बटन मशरूम
16-20 लहसुन की कलियाँ, छिली हुईं
1 बड़ा चम्मच नींबू का रस
1 छोटा चम्मच लाइट सोया सॉस
½ छोटा चम्मच सफ़ेद मिर्च पाउडर
¼ छोटा चम्मच एमएसजी (ऐच्छिक)
¾ कप मैदा
½ कप + 2 बड़े चम्मच कॉर्न फ़्लॉर
¼ छोटा चम्मच बेकिंग पाउडर
¾ कप + 3 बड़े चम्मच तेल + तलने के लिए
2-3 सूखी लाल मिर्चें, बीच में से तोड़ी हुईं
4 बड़े चम्मच टमाटर सॉस
1 बड़ा चम्मच सफ़ेद सिरका
2 बड़े चम्मच लाल मिर्च पेस्ट
1 बड़ा चम्मच हॉट ब्लैक बीन पेस्ट
1 छोटा चम्मच शक्कर
1 कप वेजिटेबल स्टॉक (पृष्ठ 96)
½ मध्यम आकार की हरी शिमला मिर्च, शकरपारे के आकार में ½ इंच के टुकड़े की हुई
½ मध्यम आकार की लाल शिमला मिर्च, शकरपारे के आकार में ½ इंच के टुकड़े की हुई
1 मध्यम आकार का प्याज़, छीलकर चार टुकड़े किया हुआ, परतें अलग की हुईं
1 हरा प्याज़, बारीक फाँकें किया हुआ
1 बड़ा चम्मच तिल का तेल
1 बड़ा चम्मच लाल मिर्च, दरदरी पिसी हुई
नमक स्वादानुसार

चित्र पृष्ठ 30 पर देखें

विधि

1. छह लहसुन की कलियों का महीन पेस्ट बना लें. बाकी कलियों को काट लें.
2. लहसुन का पेस्ट, नींबू का रस, सोया सॉस, सफ़ेद मिर्च पाउडर, एमएसजी और स्वादानुसार नमक एक साथ मिला लें. उसमें मशरूम को दस से पंद्रह मिनट तक रखें.
3. मैदा, आधा कप कॉर्न फ़्लॉर, बेकिंग पाउडर, तीन चौथाई कप तेल, नमक, तीन चौथाई कप पानी मिलाकर घोल तैयार करें. घोल को फेंट लें और गाढ़ापन धारकार जैसा बना लें. बीस मिनट तक रख दें.
4. कड़ाही में तेल गरम करें; मैरिनेट किया हुआ मशरूम उस घोल में डुबाकर हल्की आँच पर दो से तीन मिनट तक तलें, लगातार पलटते हुए कुरकुरे और सुनहरे भूरे होने दें. तेल सोखने वाले कागज़ पर निकालकर अलग रख दें.
5. एक कप पानी में दो बड़े चम्मच कॉर्न फ़्लॉर घोल लें.
6. कड़ाही में तीन बड़े चम्मच तेल गरम करें. उसमें लाल मिर्च और लहसुन डालकर कुछ देर तक चलाएं. टोमैटो सॉस, सिरका, लाल मिर्च पेस्ट, हॉट ब्लैक बीन पेस्ट, शक्कर और नमक डालकर मिला लें. उसमें वेजिटेबल स्टॉक डालकर तेज़ आँच पर एक मिनट तक पकाएं.
7. उसमें शिमला मिर्च डालें, प्याज़ और हरा प्याज़ डालकर और दो मिनट तक पकाएं. कॉर्न फ़्लॉर का घोल डालकर पकाएं. सॉस के गाढ़ा होने तक लगातार चलाते रहें.
8. इस सॉस में तले हुए मशरूम डालकर चलाएं और उछालें, ताकि मसाले अच्छी तरह से मशरूम पर लग जाएं. उस पर तिल के तेल की धार छोड़ें और दरदरी पिसी लाल मिर्च डालकर गरमा-गरम परोसें.

कुंग पाओ पोटैटोज़

सामग्री

4 बड़े आलू, छीलकर 1 इंच के चौकोर टुकड़े किए हुए
1 बड़ा चम्मच नींबू का रस
½ छोटा चम्मच सफ़ेद मिर्च पाउडर
¼ छोटा चम्मच एमएसजी (ऐच्छिक)
2 बड़े चम्मच कॉर्न फ़्लॉर
2 बड़े चम्मच तेल + तलने के लिए
5-6 सूखी लाल मिर्चें, बीच में से तोड़ी हुईं
1 इंच अदरक, छीलकर टुकड़े किया हुआ
4-5 लहसुन की कलियाँ, टुकड़े की हुईं
2 हरे प्याज़ पत्तियों के साथ, कटे हुए
2 बड़े चम्मच लाइट सोया सॉस
2 छोटे चम्मच शक्कर
3 बड़े चम्मच राइस वाइन (ऐच्छिक)
½ कप वेजिटेबल स्टॉक (पृष्ठ 96)
¼ कप भूनी हुई मूंगफली
2 बड़े चम्मच चिली ऑयल (पृष्ठ 93)
नमक स्वादानुसार

विधि

1. नींबू का रस, सफ़ेद मिर्च पाउडर, एमएसजी और स्वादानुसार नमक आलू के टुकड़ों में मिलाकर उसे पंद्रह मिनट तक रख दें. आधा कप पानी में कॉर्न फ़्लॉर घोल लें.
2. कड़ाही में तेल गरम करें और उसमें आलू के टुकड़ों को हल्का भूरा होने तक तलें. निकालकर तेल सोखने वाले कागज़ पर रखें.
3. कड़ाही या पैन में दो बड़े चम्मच तेल गरम करें. उसमें लाल मिर्च, अदरक और लहसुन डालकर कुछ देर तक चलाकर भूनें. हरा प्याज़ डालकर (प्याज़ की हरी पत्तियाँ सजाने के लिए बचाकर रखें) और एक मिनट तक चलाएं.
4. उनमें सोया सॉस, शक्कर, राइस वाइन और स्वादानुसार नमक डालें. वेजिटेबल स्टॉक डालकर एक मिनट तक चलाकर पकाएं. कॉर्न फ़्लॉर का घोल डालकर चलाएं और तुरंत तले हुए आलू और मूंगफली के दाने डालें. तेज़ आँच पर दो मिनट तक पकाएं, चलाना जारी रखें.
5. चिली ऑयल छिड़ककर, हरे प्याज़ की पत्तियों से सजाकर गरमा-गरम परोसें.

शेफ़ का सुझाव

मूंगफली के दानों के स्थान पर आप सेंके हुए काजू या बादाम का भी इस्तेमाल कर सकते हैं.

हुनान चिकन

सामग्री

400 ग्राम बोनलेस चिकन, 1½ इंच के चौकोर टुकड़ों में कटा हुआ
2½ बड़े चम्मच सोया सॉस
1 बड़ा चम्मच लाल मिर्च पेस्ट
¼ छोटा चम्मच एमएसजी (ऐच्छिक)
1 कप चिकन स्टॉक (पृष्ठ 92)
4½ बड़े चम्मच कॉर्न फ़्लॉर
1 बड़ा चम्मच तेल + तलने के लिए
½ मध्यम आकार की हरी शिमला मिर्च, 1 इंच के टुकड़े की हुई
¼ मध्यम आकार की पीली शिमला मिर्च, 1 इंच के टुकड़े की हुई
1 छोटा प्याज़, छीलकर चार टुकड़े किया हुआ, प्रत्येक की परतें अलग की हुईं
1 इंच अदरक, छीलकर टुकड़े किया हुआ
3-4 लहसुन की कलियाँ, छीलकर टुकड़े की हुईं
1 सेलरी की पत्ती कटी हुई
6-8 ताज़ा बटन मशरूम, प्रत्येक के चार टुकड़े किए हुए
¼ कप अंकुरित बीन्स
1 बड़ा चम्मच सफ़ेद सिरका
8-10 काजू, सूखे सेंके हुए
नमक स्वादानुसार

चित्र पृष्ठ 50 पर देखें

विधि

1. डेढ़ बड़ा चम्मच सोया सॉस, लाल मिर्च पेस्ट, एमएसजी और स्वादानुसार नमक आधे कप चिकन स्टॉक में डालकर मिला लें. बचे हुए स्टॉक में दो बड़े चम्मच कॉर्न फ़्लॉर घोल लें.
2. बचे हुए सोया सॉस को चिकन पर लगाकर पंद्रह मिनट तक रख दें. बचा हुआ कॉर्न फ़्लॉर उन पर छिड़ककर अच्छी तरह मिला लें.
3. एक कड़ाही में तेल गरम कर चिकन के टुकड़ों को उसमें हल्का सुनहरा होने तक तलें. तेल सोखने वाले कागज़ पर निकालकर रखें.
4. आँच बढ़ाकर सारी शिमला मिर्च और प्याज़ आधे मिनट तक तल लें. तेल सोखने वाले कागज़ पर निकालकर रखें.
5. दो बड़े चम्मच तेल कड़ाही या बर्तन में गरम करें, उसमें अदरक, लहसुन और सेलरी डालकर कुछ देर तक चलाएं. उसमें सोया सॉस और मसालों का मिश्रण डालकर चलाएं और एक उबाल आने दें.
6. तला हुआ चिकन, तली हुई सब्ज़ियाँ, मशरूम, अंकुरित बीन्स और सिरका डालकर अच्छी तरह मिलाएं.
7. कॉर्न फ़्लॉर का घोल डालकर चलाएं और पकने दें, चलाना जारी रखें, एक मिनट या चिकन और सब्ज़ियों पर सॉस की परत चढ़ने तक पकाएं.
8. सेंके हुए काजू से सजाकर गरमा-गरम परोसें.

फ़ाइव-स्पाइस फ़िश

सामग्री

4 बिना काँटे की मछली (जैसे सुरमई), 1½ इंच के टुकड़े किए हुए
1 चक्री फूल
1 बड़ा चम्मच सौंफ़
2 इंच दालचीनी
10 काली मिर्चें
1 इंच अदरक, छीलकर कुचला हुआ
1 बड़ा चम्मच कॉर्न फ़्लॉर

½ हरा प्याज़, पत्तियों सहित
4 कप फ़िश स्टॉक (पृष्ठ 94)
2 बड़े चम्मच डार्क सोया सॉस
1 छोटा चम्मच शक्कर
2 बड़े चम्मच तिल का तेल
2 हरी मिर्चें, बीच में से चिरी हुईं
1 लीक, काटा हुआ
1 सेलरी, काटी हुई

विधि

1. एक मलमल के कपड़े में चक्री फूल, सौंफ़, दालचीनी, काली मिर्च और अदरक एक साथ बाँधकर मसाले की पोटली तैयार कर लें.
2. दो बड़े चम्मच पानी में कॉर्न फ़्लॉर को घोलकर रख दें.
3. हरे प्याज़ के कंद के पतले टुकड़े कर लें व पत्तियाँ सजाने के लिए रखें.
4. एक डीप-पैन में फ़िश स्टॉक डालें. उसमें सोया सॉस, शक्कर, मसाले की पोटली डालें. एक उबाल आने तक चलाते रहें. बाद में धीमी आँच पर दस मिनट तक उबलने दें. पैन को आँच से उतारकर मसाले की पोटली को निकाल लें.
5. कड़ाही में तिल के तेल को गरम करें; उसमें हरी मिर्च, हरा प्याज़, लीक और सेलरी डालकर दो मिनट तक भूनें. मछली डालकर तेज़ आँच पर दो से तीन मिनट तक उछालकर पकाएं. इसमें मसालेवाला सुगंधित फ़िश स्टॉक डालें और एक उबाल आने दें.
6. कॉर्न फ़्लॉर का घोल मिलाकर पकाएं, सॉस के गाढ़ा होने तक लगातार चलाते रहें.
7. हरे प्याज़ की पत्तियों से सजाकर गरमा-गरम परोसें.

चिकन हॉन्गकॉन्ग

सामग्री

400 ग्राम बोनलेस चिकन, 1½ इंच के चौकोर टुकड़े किए हुए
6 बड़े चम्मच कॉर्न फ़्लॉर
¼ छोटा चम्मच सफ़ेद मिर्च पाउडर
1 छोटा चम्मच लाल मिर्च पेस्ट
1 अंडा
2 बड़े चम्मच तेल + तलने के लिए
3 हरे प्याज़ पत्तियों के साथ
2 कप चिकन स्टॉक (पृष्ठ 92)
5-6 लहसुन की कलियाँ, छीलकर टुकड़े की हुईं
1 इंच अदरक, छीलकर टुकड़े किए हुए
3-4 सूखी लाल मिर्चें, प्रत्येक के दो टुकड़े की हुईं
2 बड़े चम्मच लाल मिर्च सॉस
1 छोटा चम्मच शक्कर
¼ छोटा चम्मच एमएसजी (ऐच्छिक)
1 छोटा चम्मच सफ़ेद सिरका

विधि

1. चार बड़े चम्मच कॉर्न फ्लॉर, नमक, सफ़ेद मिर्च पाउडर, लाल मिर्च पेस्ट और अंडा एक कटोरे में अच्छी तरह मिला लें. उसमें चिकन के टुकड़ों को आधे घंटे तक डुबोकर रखें.
2. कड़ाही में तेल गरम कर उसमें चिकन को हलका सुनहरा होने तक तलें. तेल सोखने वाले कागज़ पर रखकर एक ओर रख दें.
3. हरे प्याज़ के चार टुकड़े कर लें और पत्तियों के २ इंच के लम्बे टुकड़े कर लें. पत्तियों को सजाने के लिए बचाकर रखें.
4. आधा कप चिकन स्टॉक में बचा हुआ कॉर्न फ़्लॉर घोल लें.
5. कड़ाही में दो चम्मच तेल गरम करें; प्याज़, अदरक, लहसुन, और लाल मिर्च डालकर तेज़ आँच पर उछालें.
6. उसमें लाल मिर्च सॉस, तले हुए चिकन के टुकड़े और बचा हुआ चिकन स्टॉक डालें. कॉर्न फ़्लॉर का घोल डालकर पकाएं सॉस को गाढ़ा होने तक चलाना जारी रखें.
7. शक्कर, एमएसजी और सिरका डालकर अच्छी तरह मिला लें.
8. प्याज़ की पत्तियों से सजाकर गरमा-गरम परोसें.

चिकन मन्चूरियन

सामग्री

400 ग्राम बोनलेस चिकन, ½ इंच के टुकड़े किए हुए
1 अंडा
6 बड़े चम्मच कॉर्न फ़्लॉर
2 बड़े चम्मच लाइट सोया सॉस
4 बड़े चम्मच तेल + तलने के लिए
2 इंच अदरक, छीलकर टुकड़े किया हुआ
8-10 लहसुन की कलियाँ, छीलकर टुकड़े की हुईं
1 मध्यम आकार का प्याज़, छीलकर टुकड़े किया हुआ
3-4 हरी मिर्चें, मोटे टुकड़े की हुईं
¼ छोटा चम्मच एमएसजी (ऐच्छिक)
2 कप चिकन स्टॉक (पृष्ठ 92)
1 मध्यम आकार की हरी शिमला मिर्च पतले लम्बे टुकड़े किए हुए
2 बड़े चम्मच सफ़ेद सिरका
2 हरे प्याज़ की पत्तियाँ, कटी हुईं
नमक स्वादानुसार

विधि

1. अंडा, चार बड़े चम्मच कॉर्न फ़्लॉर, स्वादानुसार नमक और एक बड़ा चम्मच सोया सॉस एक साथ मिला लें.
2. चिकन के टुकड़ों को उसमें कम से कम, एक घंटे तक डुबोकर रखें. संभव हो तो फ्रिज में ही रखें. एक कप पानी में बाकी बचा कॉर्न फ़्लॉर घोल लें.
3. कड़ाही में तेल गरम कर मैरिनेट किए हुए चिकन के टुकड़ों को तीन मिनट तक तल लें. निकालकर तेल सोखने वाले कागज़ पर रखें.
4. दूसरी कड़ाही में चार बड़े चम्मच तेल गरम करें, उसमें अदरक, लहसुन डालकर दो मिनट तक चलाकर भूनें.
5. उसमें प्याज़ और हरी मिर्च डालकर एक मिनट तक चलाएं बचा हुआ सोया सॉस, एमएसजी, चिकन स्टॉक और नमक मिलाकर एक उबाल आने दें.
6. कॉर्न फ़्लॉर का घोल डालकर और एक मिनट तक चलाएं, या सॉस गाढ़ा होने तक लगातार चलाते रहें.
7. तला हुआ चिकन और शिमला मिर्च डालकर और दो मिनट तक पकाएं. सिरका डालकर चलाएं. हरे प्याज़ की पत्तियों से सजाकर गरमा-गरम परोसें.

क्ले पॉट ड्रन्कन प्रॉन्स

सामग्री

20 मध्यम आकार के प्रॉन्स (300 ग्राम), छिले हुए और पीठ की नस निकाले हुए
2 इंच अदरक, छीलकर टुकड़े किया हुआ
8-10 लहसुन की कलियाँ, छीलकर टुकड़े की हुईं
3 कप फ़िश स्टॉक (पृष्ठ 94)
5-6 काली मिर्चें, कुटी हुईं
2 छोटे चम्मच शक्कर
1½ छोटे चम्मच लाइट सोया सॉस
¼ कप सफ़ेद वाइन
2 हरे प्याज़ पत्तियों सहित, मोटे-मोटे काटे हुए
नमक स्वादानुसार

विधि

1. क्ले पॉट (मिट्टी के बर्तन) में अदरक, लहसुन और फ़िश स्टॉक को एक साथ मिला लें; एक उबाल आने दें.
2. नमक, काली मिर्च, शक्कर, सोया सॉस, सफ़ेद वाइन, हरा प्याज़ और प्रॉन्स क्ले पॉट में डालें, ढंककर दस मिनट तक धीमी आँच पर पकाएं.
3. आँच से क्ले पॉट को उतारकर, पाँच मिनट तक ढंककर रखें और फिर परोसें.

हनी चिली चिकन

सामग्री

400 ग्राम बोनलेस चिकन, 1 इंच के चौकोर टुकड़े किए हुए
4 बड़े चम्मच शहद
1 बड़ा चम्मच लाल मिर्च, दरदरी कुटी हुई
2 ताज़ा लाल मिर्चें, बीच में से चिरी हुईं
3 बड़े चम्मच तेल + तलने के लिए
1½ बड़े चम्मच कॉर्न फ़्लॉर
1 छोटा चम्मच लाइट सोया सॉस
¼ छोटा चम्मच एमएसजी (ऐच्छिक)
½ छोटा चम्मच सफ़ेद मिर्च पाउडर
1½ कप चिकन स्टॉक (पृष्ठ 92)
2-3 लहसुन की कलियाँ, छीलकर टुकड़े की हुईं
1 बड़ा चम्मच तिल, सेंके हुए
2 हरे प्याज़ की पत्तियाँ, काटी हुईं
नमक स्वादानुसार

विधि

1. एक कड़ाही में तेल गरम कर चिकन के चौकोर टुकड़ों को तेज़ आँच पर आधा मिनट तक तलें. निकालकर तेल सोखने वाले कागज़ पर रखें.
2. कॉर्न फ़्लॉर, सोया सॉस, एमएसजी, सफ़ेद मिर्च पाउडर और नमक चिकन स्टॉक में डालकर मिला लें.
3. तीन बड़े चम्मच तेल कड़ाही या पैन में गरम करें, उसमें लहसुन, दरदरी पिसी हुई लाल मिर्च, डालकर कुछ देर तक भूनें. उसमें ताज़ा लाल मिर्च डालें और लगातार चलाते रहें.
4. सॉस और मसाला मिश्रण डालकर चलाएं. एक मिनट तक या सॉस के गाढ़ा होना शुरू होने तक पकाएं, लगातार चलाना जारी रखें.
5. उसमें तला हुआ चिकन और शहद डालकर एक मिनट तक पकाएं. सेंके हुए तिल छिड़ककर उसे हरे प्याज़ की पत्तियों से सजाकर गरमा-गरम परोसें.

शेज़वान प्रॉन्स

सामग्री

16 मध्यम आकार के प्रॉन्स (150 ग्राम), छीलकर पीठ की नस निकाले हुए
2 हरे प्याज़ पत्तियों सहित
3 बड़े चम्मच कॉर्न फ़्लॉर
2 बड़े चम्मच लाल मिर्च पेस्ट
3 बड़े चम्मच टोमैटो सॉस
1 बड़ा चम्मच लाइट सोया सॉस
¼ कप राइस वाइन (ऐच्छिक)
¼ छोटा चम्मच एमएसजी (ऐच्छिक)
2 छोटे चम्मच शक्कर
2 कप फ़िश या चिकन स्टॉक (पृष्ठ 92 या 94)
6 बड़े चम्मच तेल
3-4 सूखी लाल मिर्चें, दो टुकड़े की हुईं
6-8 शेज़वान पेपर्स
1 इंच अदरक, छीलकर टुकड़े किया हुआ
6-8 लहसुन की कलियाँ, छीलकर टुकड़े की हुईं
1 मध्यम आकार की हरी शिमला मिर्च, 1 इंच के टुकड़े की हुई
1 बड़ा चम्मच सफ़ेद सिरका
नमक स्वादानुसार

विधि

1. हरे प्याज़ के टुकड़े करें और पत्तियों को काटकर सजाने के लिए बचाकर रखें. कॉर्न फ़्लॉर को एक कप पानी में घोल लें. एक कप स्टॉक में लाल मिर्च पेस्ट, टोमैटो सॉस, सोया सॉस, राइस वाइन, एमएसजी, शक्कर और नमक डालकर मिला लें.
2. एक कड़ाही या पैन में चार बड़े चम्मच तेल गरम करें, उसमें लाल मिर्च, शेज़वान पेपर्स, अदरक और लहसुन डालकर कुछ देर तक चलाएं. उसमें हरे प्याज़ डालकर और एक मिनट तक चलाना जारी रखें.
3. प्रॉन्स डालकर एक मिनट तक पकाएं या प्रॉन्स के रंग बदलने तक पकाएं, चलाना और उछालना जारी रखें.
4. उसमें सॉस और मसाले का मिश्रण और बचा हुआ स्टॉक डालकर उबाल लें.
5. कॉर्न फ़्लॉर का घोल डालकर चलाएं; उसमें शिमला मिर्च डालकर पकाएं, चलाना दो-तीन मिनट तक जारी रखें या प्रॉन्स और सॉस अच्छी तरह से मिल जाए तब तक पकाएं.
6. सिरका डालकर चलाएं. हरे प्याज़ की पत्तियों से सजाकर गरमा-गरम परोसें.

चिकन विद बेबी कॉर्न इन ऑयस्टर सॉस

सामग्री

250 ग्राम बोनलेस चिकन, पतले टुकड़े किए हुए
10-12 बेबी कॉर्न, पतले कटे हुए
3 बड़े चम्मच ऑयस्टर सॉस
2 बड़े चम्मच कॉर्न फ़्लॉर
1 कप चिकन स्टॉक (पृष्ठ 92)
2 बड़े चम्मच तेल
1 मध्यम आकार का प्याज़, छीलकर चार टुकड़े किए हुए
2 लहसुन की कलियाँ, छीलकर पतले टुकड़े किए हुए
1 बड़ा चम्मच डार्क सोया सॉस
2 हरे प्याज़ पत्तियों सहित, काटे हुए
नमक स्वादानुसार

विधि

1. आधा कप चिकन स्टॉक में कॉर्न फ़्लॉर घोल लें.
2. कड़ाही में तेल गरम करें; उसमें प्याज़, लहसुन डालकर कुछ देर तक चलाकर भूनें. उसमें बेबीकॉर्न और चिकन डालकर एक मिनट तक भूनें.
3. उसमें सोया सॉस, ऑयस्टर सॉस, बचा हुआ चिकन स्टॉक और नमक डालकर एक उबाल आने दें. उसमें कॉर्न फ़्लॉर का घोल डालकर स्टॉक के गाढ़ा होने तक पकाएं, लगातार चलाते रहें.
4. हरे प्याज़ की पत्तियों से सजाकर गरमा-गरम परोसें.

यिन यांग चिकन

सामग्री

रेड सॉस में चिकन

150 ग्राम बोनलेस चिकन, 1½ इंच के चौकोर टुकड़े किए हुए
3 बड़े चम्मच कॉर्न फ़्लॉर
½ अंडा
2 छोटे चम्मच रेड चिली सॉस
1 बड़ा चम्मच तेल + तलने के लिए
1 बड़ा चम्मच लहसुन, छीलकर टुकड़े किए हुए
1 सूखी लाल मिर्च
1 बड़ा हरा प्याज़, कटा हुआ
1 कप चिकन स्टॉक (पृष्ठ 92)
½ बड़ा चम्मच कॉर्न फ़्लॉर, 1 बड़े चम्मच पानी में घोला हुआ
¼ छोटा चम्मच सिरका
नमक स्वादानुसार

व्हाइट सॉस में चिकन

150 ग्राम बोनलेस चिकन, ½ इंच के चौकोर टुकड़े किए हुए
1 बड़ा चम्मच तेल
1 चक्री फूल
1 हरा प्याज़, चार भाग किया हुआ
1 छोटी हरी शिमला मिर्च, शकरपारे के आकार के ½ इंच के टुकड़े की हुई

1 कप चिकन स्टॉक (पृष्ठ 92)
¼ छोटा चम्मच एमएसजी (ऐच्छिक)
¼ छोटा चम्मच सफ़ेद मिर्च पाउडर
½ छोटा चम्मच नींबू का छिलका
2 छोटे चम्मच कॉर्न फ़्लॉर, एक बड़े चम्मच पानी में घोला हुआ
1 बड़ा चम्मच नींबू का रस
1 हरे प्याज़ की पत्ती शकरपारे के आकार में कटी हुई
नमक स्वादानुसार

विधि

1. रेड सॉस में चिकन के लिए - चिकन को कॉर्न फ़्लॉर, अंडा और लाल मिर्च के सॉस में मिलाएं और पंद्रह मिनट तक रख दें.
2. एक कड़ाही में तेल गरम करें और चिकन तल लें. तेल सोखनेवाले कागज़ पर रखें. कड़ाही में एक बड़ा चम्मच तेल गरम करें; उसमें लहसुन, लाल मिर्च और हरा प्याज़ डालकर तेज़ आँच पर कुछ देर तक भून लें.
3. चिकन स्टॉक डालकर एक उबाल आने दें. उसमें नमक और तला हुआ चिकन डालें.

4. कॉर्न फ़्लॉर का घोल डालकर सॉस गाढ़ा होने तक पकाएं. लगातार चलाएं. सिरका डालें और पैन को आँच से नीचे उतार लें. इसे गरम ही रखें.
5. व्हाइट सॉस में चिकन के लिए एक कड़ाही में एक बड़ा चम्मच तेल गरम करें; उसमें चक्री फूल, हरी प्याज़ और शिमला मिर्च डालकर आधे मिनट तक भूनें.
6. चिकन स्टॉक डालकर एक उबाल आने दें. उसमें चिकन, एमएसजी, नमक, सफ़ेद मिर्च पाउडर और नींबू का छिलका डालें. मध्यम आँच पर चलाएं और चिकन पकने तक पकाएं.
7. कॉर्न फ़्लॉर के घोल को डालकर सॉस गाढ़ा होने तक पकाएं. लगातार चलाएं. नींबू का रस मिलाकर पैन को आँच से उतार लें.
8. यिन यांग चिकन डिश के एक भाग में रेड सॉस में चिकन डालें और दूसरे हिस्से में व्हाइट सॉस में चिकन डालें.
9. हरे प्याज़ की पत्तियों से सजाकर गरमा-गरम परोसें.

चिकन चाउमीन

सामग्री

1 कप बोनलेस चिकन, उबालकर बारीक कटा हुआ
200 ग्राम एग नूडल्स
3 बड़े चम्मच तेल
6-8 बेबीकॉर्न, दो टुकड़े किए हुए
2-3 लहसुन की कलियाँ, छीलकर टुकड़े की हुईं
1 इंच अदरक, टुकड़े किया हुआ
1 मध्यम आकार का प्याज़, टुकड़े किया हुआ
6 ताज़ा बटन मशरूम, बीच से दो भाग किए हुए
1 मध्यम आकार की लाल शिमला मिर्च, लम्बे पतले टुकड़े की हुई
2 छोटे चम्मच लाइट सोया सॉस
¼ छोटा चम्मच एमएसजी (ऐच्छिक)
2 छोटे चम्मच कॉर्न फ़्लॉर
1 छोटा चम्मच तिल का तेल
1 बड़ा चम्मच तिल, सेंके हुए
नमक स्वादानुसार

विधि

1. नूडल्स को छह से आठ कप नमकीन पानी में, जिसमें एक बड़ा चम्मच तेल मिला हो, लगभग पकने तक पकाएं. छानकर ठंडा पानी मिलाएं, हल्का-सा हिलाकर पानी फेंक दें और नूडल्स को बड़ी प्लेट पर फैलाकर ठंडा होने के लिए रख दें.
2. बेबीकॉर्न को गरम पानी में दो मिनट तक उबालें. छानकर ठंडे पानी में हिलाकर पानी से निकालकर एक ओर रख दें.
3. एक कड़ाही में तेल गरम करें; उसमें लहसुन-अदरक और प्याज़ डालकर दो मिनट तक चलाते हुए भूनें.
4. उसमें बेबीकॉर्न, मशरूम, शिमला मिर्च डालकर और दो मिनट तक चलाएं. चिकन डालकर और एक मिनट तक चलाते हुए भूनें.
5. सोया सॉस, एमएसजी और स्वादानुसार नमक डालें. कॉर्न फ़्लॉर में दो बड़े चम्मच पानी डालकर मिला लें, घोल को सब्ज़ियों में डालकर पकाएं. सॉस के गाढ़ा होने तक चलाते हुए पकाएं.
6. नूडल्स और तिल का तेल डालकर चलाएं, उछालकर अच्छी तरह मिला लें. धीमी आँच पर दो से तीन मिनट तक या नूडल्स के पूरी तरह से गरम होने तक पकाएं.
7. सेंके हुए तिल से सजाकर गरमा-गरम परोसें.

बर्न्ट गार्लिक चॉप्सी

सामग्री

300 ग्राम एग नूडल्स
12-15 लहसुन की कलियाँ, छीलकर लम्बे पतले टुकड़े की हुईं
100 ग्राम बोनलेस चिकन, पतली पट्टियों में टुकड़े किया हुआ
6 बड़े चम्मच तेल + तलने के लिए
4 अंडे
1 इंच अदरक, छीलकर कसा हुआ
1 मध्यम आकार का प्याज़, छीलकर एकदम पतली फाँक किया हुआ
½ मध्यम आकार की गाजर, छीलकर कसी हुई
3-4 फ्रेंच बीन्स, तिरछे पतले टुकड़े की हुई
¼ छोटी पत्तागोभी, बारीक कटी हुई
½ कप टोमैटो सॉस
½ बड़ा चम्मच लाइट सोया सॉस
½ छोटा चम्मच सफ़ेद मिर्च पाउडर
½ छोटा चम्मच एमएसजी (ऐच्छिक)
½ मध्यम आकार की हरी शिमला मिर्च, पतले लम्बे टुकड़े की हुई
2 कप चिकन स्टॉक (पृष्ठ 92)
2 बड़े चम्मच कॉर्न फ़्लॉर,
1 बड़ा चम्मच सफ़ेद सिरका
½ कप अंकुरित बीन्स
नमक स्वादानुसार

चित्र पृष्ठ 59 पर देखें

विधि

1. नूडल्स को लगभग पकने तक उबालें, छानकर ठंडा करें. कड़ाही में तेल गरम करें और नूडल्स को कुरकुरा और सुनहरा होने तक तलें. तेल सोखनेवाले कागज़ पर रखें. तले हुए नूडल्स को चार समान भागों में बाँटे.
2. इन्हें अलग-अलग उथली प्लेट्स में या सर्विंग प्लेट्स में रखें. ध्यान रहे ये गरम ही रहें.
3. एक नॉनस्टिक पैन में आधा बड़ा चम्मच तेल गरम करें; एक अंडे को पैन में तोड़ें और दोनों ओर से आधा मिनट तक पकाएं. बाकी अंडों को भी ऐसा ही पका लें.
4. आधा कप पानी में कॉर्न फ़्लॉर डालकर घोल लें.
5. कड़ाही में चार बड़े चम्मच तेल गरम करें, उसमें लहसुन डालकर लगभग जलने तक चलाकर भूनें. इसमें से आधा चम्मच लहसुन सजाने के लिए रखें.
6. भूने हुए लहसुन में अदरक मिलाकर कुछ सेकंड तक चलाते हुए भूनें. चिकन के पतले टुकड़े डालकर आधा मिनट तक पकाएं. उसमें प्याज़, गाजर, फ्रेंच बीन्स और पत्तागोभी डालकर और एक मिनट तक चलाएं.
7. टमाटर सॉस, सोया सॉस, सफ़ेद मिर्च पाउडर, एमएसजी, स्वादानुसार नमक, हरी शिमला मिर्च और चिकन स्टॉक डालकर चलाएं. दो मिनट तक पकाएं, कॉर्न फ़्लॉर का घोल डालें. एक मिनट तक और पकाएं या सॉस (ग्रेवी) गाढ़ी होने तक चलाते हुए पकाएं.
8. सिरका और अंकुरित बीन्स मिलाएं और प्लेट में रखे तले हुए नूडल्स पर परोसें.
9. सबसे ऊपर भुने हुए लहसुन और अंडा रखकर तुरंत परोसें.

एग फ्राइड राइस

सामग्री

1½ कप लम्बे दाने वाले चावल, भिगोए हुए
3 अंडे, हल्के फेंटे हुए
4 बड़े चम्मच तेल
2 हरे प्याज़, टुकड़े किए हुए
3-4 लहसुन की कलियाँ, छीलकर टुकड़े की हुईं
1 बड़ा चम्मच लाइट सोया सॉस
¼ छोटा चम्मच एमएसजी (ऐच्छिक)
½ छोटा चम्मच सफ़ेद मिर्च पाउडर
½ बड़ा चम्मच सफ़ेद सिरका

विधि

1. पाँच कप पानी उबालें, उसमें नमक और भिगोया हुआ चावल डालकर तेज़ आँच पर पकाएं, लगातार चलाएं चावल जब तीन-चौथाई पक जाएं, तो आँच से उतारकर पानी फेंक दें और सपाट प्लेट पर ठंडे होने के लिए फैलाकर रखें.
2. कड़ाही में तेल गरम करें; हरा प्याज़ और लहसुन डालकर कुछ देर तक चलाएं. उसमें अंडा डालकर आधा मिनट तक पकाएं, चलाना जारी रखें.
3. उसमें चावल और नमक डालकर एक मिनट तक पकाएं, चलाना और उछालना जारी रखें. सोया सॉस, एमएसजी और सफ़ेद मिर्च पाउडर डालकर अच्छी तरह से मिला लें.
4. सिरका मिलाएं और गरमा-गरम परोसें.

चिकन हक्का नूडल्स

सामग्री

300 ग्राम एग नूडल्स
½ कप बोनलेस चिकन, उबला और बारीक कटा हुआ
6 बड़े चम्मच तेल
1 मध्यम आकार का प्याज़, छीलकर पतले टुकड़े किया हुआ
1 मध्यम आकार की गाजर, छीलकर पतले टुकड़े की हुई
1 मध्यम आकार की हरी शिमला मिर्च, लम्बे पतले टुकड़े किए हुए
¼ छोटी पत्तागोभी, बारीक कटी हुई
1 बड़ा चम्मच लाइट सोया सॉस
¼ छोटा चम्मच एमएसजी (ऐच्छिक)
¼ छोटा चम्मच सफ़ेद मिर्च पाउडर
1 कप अंकुरित बीन्स
1 हरे प्याज़ की पत्ती, बारीक कटी हुई
नमक स्वादानुसार

विधि

1. नूडल्स को ज़्यादा पानी में नरम होने तक पकाएं, लेकिन तब भी थोड़े कड़े होने चाहिए. छान लें, ठंडा पानी डालें. नूडल्स छान लें और निकालकर ठंडे होने के लिए प्लेट में फैलाकर रखें.
2. कड़ाही में तेल गरम करें; प्याज़ डालकर कुछ सेकंड तक चलाएं. गाजर, शिमला मिर्च, पत्तागोभी डालकर दो मिनट तक चलाते हुए पकाएं, चलाना और उछालना जारी रखें.
3. चिकन डालकर और एक मिनट तक चलाएं.
4. नूडल्स, सोया सॉस, एमएसजी और सफ़ेद मिर्च पाउडर डालकर तेज़ आँच पर दो मिनट तक या नूडल्स पूरी तरह से गरम होने तक पकाएं, उछालना जारी रखें.
5. अंकुरित बीन्स डालकर मिला लें, हरे प्याज़ की पत्तियों से सजाकर गरमा-गरम परोसें.

चिकन स्ट्यू विद राइस

सामग्री

1 कप चावल

½ कप चिकन, उबाला और बारीक कटा हुआ

1 बड़ा चम्मच तेल

6-8 लहसुन की कलियाँ, छीलकर कुचली हुईं

1 मध्यम आकार का प्याज़, पतले टुकड़े किया हुआ

½ मध्यम आकार की गाजर, बीच से दो भाग करके पतले टुकड़े की हुई

4 ताज़ा बटन मशरूम, पतले टुकड़े किए हुए

¼ छोटी पत्तागोभी, 1 इंच के टुकड़े की हुई

½ मध्यम आकार की हरी शिमला मिर्च, एक इंच के टुकड़ों में कटी हुई

3 कप चिकन स्टॉक (पृष्ठ 92)

¼ छोटा चम्मच एमएसजी (ऐच्छिक)

½ छोटा चम्मच सफ़ेद मिर्च पाउडर

1½ बड़ा चम्मच कॉर्न फ़्लॉर

1 हरे प्याज़ की पत्ती, पतले टुकड़े की हुई

2 बड़े चम्मच चिली ऑयल (पृष्ठ 93)

विधि

1. पाँच कप पानी में चावल को लगभग पकने तक ही उबालें. पानी निकाल दें और चावल कटोरे में रखें.
2. कड़ाही में तेल गरम करें; उसमें लहसुन और प्याज़ डालकर कुछ देर तक भूनें. गाजर, मशरूम, पत्तागोभी और शिमला मिर्च डालकर एक मिनट तक चलाकर भूनें. चिकन डालकर और एक मिनट तक चलाएं.
3. उसमें चिकन स्टॉक डालकर एक उबाल आने दें.
4. एमएसजी, सफ़ेद मिर्च पाउडर, स्वादानुसार नमक और कॉर्न फ़्लॉर डालकर एक चौथाई कप पानी डालकर चलाएं.
5. मध्यम आँच पर लगातार चलाते हुए दो मिनट तक या सॉस गाढ़ा होने तक पकाएं.
6. इस सॉस को चावल के ऊपर डालें.
7. कटी हुई हरे प्याज़ की पत्ती से सजाकर, चिली ऑयल की धार डालकर गरमा-गरम परोसें.

फ़ाइव-स्पाइस राइस विद चिकन

सामग्री

1½ कप बासमती चावल, भिगोए हुए
½ छोटा चम्मच पाँच-मसाला पाउडर
¾ कप बोनलेस चिकन, उबालकर बारीक कटा हुआ
2 हरे प्याज़ पत्तियों सहित
1 बड़ा चम्मच तिल का तेल
1 इंच अदरक, छीलकर टुकड़े किया हुआ
5 लहसुन की कलियाँ, छीलकर टुकड़े की हुईं
8-10 ताज़ा बटन मशरूम, लम्बे पतले टुकड़े किए हुए
2 छोटे चम्मच डार्क सोया सॉस
½ छोटा चम्मच सफ़ेद मिर्च पाउडर
¼ छोटा चम्मच एमएसजी (ऐच्छिक)
2 हरे प्याज़ की पत्तियाँ, एक इंच के तिरछे टुकड़े की हुईं

विधि

1. हरे प्याज़ और पत्तियाँ अलग कर एकदम बारीक काट लें.
2. चावल को चार कप पानी में पकने तक उबाल लें. चावल को पानी से छानकर प्लेट में ठंडा होने के लिए फैलाकर रखें.
3. कड़ाही में तिल का तेल गरम करें, उसमें अदरक, लहसुन और हरे प्याज़ डालकर तेज़ आँच पर आधा मिनट तक चलाएं.
4. मशरूम और सोया सॉस डालकर चलाएं. चिकन डालकर अच्छी तरह से मिला लें.
5. नमक, सफ़ेद मिर्च पाउडर, एमएसजी और पाँच-मसाला पाउडर डालकर अच्छी तरह से मिला लें.
6. उबले चावल डालकर तेज़ आँच पर अच्छी तरह से उछालकर मिला लें.
7. आँच बंद कर बारीक कटी हुई प्याज़ की पत्तियाँ डालकर फिर से मिलाने के लिए उछालें.
8. तिरछी कटी हुई हरे प्याज़ की पत्तियों से सजाकर गरमा-गरम परोसें.

चिकन फ्राइड राइस

सामग्री

1½ कप चावल
150 ग्राम बोनलेस चिकन, उबला और बारीक कटा हुआ
4 बड़े चम्मच तेल
2 हरे प्याज़, टुकड़े किए हुए
3-4 लहसुन की कलियाँ, छीलकर टुकड़े की हुईं
2 अंडे, हलके फेंटे हुए
1 बड़ा चम्मच लाइट सोया सॉस
¼ छोटा चम्मच एमएसजी (ऐच्छिक)
½ छोटा चम्मच सफ़ेद मिर्च पाउडर
½ बड़ा चम्मच सफ़ेद सिरका

विधि

1. चार कप पानी में चावल एक घंटे तक भिगोकर रखें. छानकर पाँच कप पानी में लगभग पकने तक उबालें.
2. फिर से छानकर प्लेट में फैलाकर ठंडा होने के लिए रख दें.
3. कड़ाही में तेल गरम करें; उसमें प्याज़ और लहसुन डालकर दो से तीन मिनट तक चलाकर भूनें. उसमें चिकन डालकर दो मिनट तक चलाएं. फेंटा हुआ अंडा डालकर लगातार चलाते हुए और आधा मिनट तक पकाएं.
4. पकाया हुआ चावल और नमक डालें; एक मिनट तक पकाएं. चलाना और उछालना जारी रखें. सोया सॉस, एमएसजी और सफ़ेद मिर्च पाउडर डालकर अच्छी तरह मिला लें.
5. सिरका डालकर चलाएं और गरमा-गरम परोसें.

ग्रीन ट्रेज़र राइस

सामग्री

1½ कप कोलम चावल, भिगोए हुए
3 बड़े चम्मच तेल
10 पालक के पत्ते
3-4 हरे प्याज़, पतले टुकड़े किए हुए
1 मध्यम आकार की हरी शिमला मिर्च, शकरपारे के आकार के टुकड़े की हुई
10-15 स्नो पीज़ (ऐच्छिक), ब्लान्च किए हुए
8-10 छोटी ब्रोकॉली के टुकड़े, ब्लान्च किए हुए
6-5 फ्रेंच बीन्स, शकरपारे के आकार के टुकड़े की हुईं
¼ छोटा चम्मच एमएसजी (ऐच्छिक)
1 बड़ा चम्मच ग्रीन चिली सॉस
1 छोटा चम्मच लाइट सोया सॉस
½ कप अंकुरित बीन्स
2 हरे प्याज़ की पत्तियाँ कटी हुईं
नमक स्वादानुसार

विधि

1. चावल को नमकवाले पानी में लगभग पकने तक ही उबालें. चावल छानकर पानी निकाल दें और एक बड़ा चम्मच तेल डालें, ताकि दाने चिपके नहीं. ठंडे होने के लिए रख दें.
2. दो कप गरम पानी में पालक के पत्तों को दो से तीन मिनट तक डुबोकर रखें. पानी निकाल दें और ठंडा पानी डालें. फिर पानी निकाल दें और पालक को बारीक काट लें.
3. कड़ाही में बाकी बचा तेल गरम कर लें, हरे प्याज़ डालकर उसे अर्ध पारदर्शी होने तक भूनें. उसमें पालक, शिमला मिर्च, स्नो पीज़, ब्रोकॉली, फ्रेंच बीन्स और एमएसजी डालकर आधा मिनट तक चलाकर भूनें.
4. उसमें ग्रीन चिली सॉस, नमक और सोया सॉस डालकर मिला लें. उबले हुए चावल डालकर धीरे-से मिलाएं.
5. अंकुरित बीन्स डालकर हल्के हाथ से चलाएं.
6. हरे प्याज़ की पत्तियों से सजाकर गरमा-गरम परोसें.

स्पाइसी नूडल्स विद सीफ़ूड

सामग्री

6-8 म्यूसल्स या क्लैम्स
2 मध्यम आकार के केकड़े
100 ग्राम बोनलेस मछली के एक इंच के पतले टुकड़े
12 छोटे प्रॉन्स, छिलके और पीठ की नस निकाले हुए
300 ग्राम चपटे नूडल्स
6 बड़े चम्मच तेल
6-8 लहसुन की कलियाँ, छीलकर टुकड़े की हुईं
1 इंच अदरक छीलकर टुकड़े किया हुआ
1 मध्यम आकार का प्याज़, छीलकर टुकड़े किए हुए
½ मध्यम आकार की हरी शिमला मिर्च, पतले लम्बे टुकड़े की हुई
1 बड़ा चम्मच लाइट सोया सॉस
1 बड़ा चम्मच ऑयस्टर सॉस
2 बड़े चम्मच चिली-गार्लिक सॉस
½ छोटा चम्मच सफ़ेद मिर्च पाउडर
¼ छोटा चम्मच एमएसजी (ऐच्छिक)
1 बड़ा चम्मच नींबू का रस
1 हरे प्याज़ की पत्ती, बारीक कटी हुई
नमक स्वादानुसार

विधि

1. म्यूसल्स या क्लैम्स को छुरी की सहायता से खोलकर अंदर के माँस को चम्मच से निकाल लें.
2. केकड़ों को दो कप पानी में तीन-चार मिनट तक उबालें. ठंडा करें, पैरों को अलग कर हल्का-सा तोड़ लें.
3. केकड़े के माँस को अलग कर लें.
4. नूडल्स को सात से आठ कप पानी में उबाल लें. नूडल्स को पानी से छानकर ठंडे पानी में डुबोकर निकाल लें और ठंडा होने दें.
5. कड़ाही में तेल गरम करें लहसुन, अदरक और प्याज़ डालकर कुछ देर तक चलाएं. उसमें प्रॉन्स, मछली, म्यूसल्स या क्लैम्स, शिमला मिर्च डालकर एक मिनट तक चलाते हुए भून लें.
6. उसमें नूडल्स, केकड़े का माँस और पैर, सोया सॉस, ऑयस्टर सॉस, चिली-गार्लिक सॉस, सफ़ेद मिर्च पाउडर, एमएसजी और स्वादानुसार नमक डालें. लगातार उछालकर तेज़ आँच पर दो मिनट तक पकाएं.
7. नींबू का रस डालकर, प्याज़ की पत्ती से सजाकर गरमा-गरम परोसें.

ऑमन्ड पुडिंग

सामग्री

15 ग्राम अगार-अगार (चायना ग्रास)
1¾ कप दूध
1¼ कप शक्कर
1½ छोटा चम्मच बादाम का एसेन्स

विधि

1. अगार-अगार के एक-एक इंच के टुकड़े कर लें. इसे ढाई कप पानी में आठ घंटे तक भिगोकर रखें. हिलाएं नहीं.
2. सॉस पैन में अगार-अगार को पानी सहित डालकर एक उबाल लाएं. आँच धीमी कर अगार-अगार पानी में घुल जाने तक उबालें.
3. दूसरे पैन में दूध गरम करें; एक उबाल आने पर इसे अगार-अगार के घोल में डाल दें. शक्कर डालकर मिलाएं.
4. दस मिनट तक धीरे-धीरे पकाएं.
5. बादाम का एसेन्स डालकर हिलाएं. पैन को गैस पर से उतार लें. इस मिश्रण को आठ इंच लम्बी और साढ़े छह इंच चौड़ी व एक इंच गहरी ट्रे में डाल दें और ट्रे को किनारों तक भर दें.
6. अगार-अगार कमरे के तापमान पर जम जाएगा. जमने के बाद इसके चौकोर टुकड़े कर लें और परोसें.

डेट पैनकेक्स विद वैनिला आइसक्रीम

सामग्री

100 ग्राम बीज निकाले हुए खजूर, टुकड़े किए हुए
½ कप अखरोट की गिरी
2 बड़े चम्मच ब्राउन शुगर
¼ छोटा चम्मच दालचीनी पाउडर
16 वॉनटॉन रैपर्स (पृष्ठ 91)
तेल तलने के लिए
वैनिला आइसक्रीम

विधि

1. अखरोट की गिरी को दो कप पानी में एक मिनट तक उबाल लें. छानकर अखरोट को सुखा लें और टुकड़े कर लें.
2. खजूर, अखरोट, ब्राउन शुगर और दालचीनी पाउडर एक साथ मिला लें. भरावन के लिए इन्हें सोलह समान भागों में बाँट लें.
3. भरावन के प्रत्येक भाग को वॉनटॉन रैपर के मध्य में रखें. वॉनटॉन के किनारों को हल्का-सा पानी लगाकर गीला करें वॉनटॉन को मोड़कर भरावन के ऊपर लाएं, किनारों को दबाकर चिपकाएं, ताकि खुलें ना.
4. कड़ाही में तेल गरम करें, बनाए हुए पैनकेक को दो मिनट तक तलें या सुनहरा भूरा होने तक तलें. निकालकर तेल सोखनेवाले कागज़ पर रखें.
5. तले हुए पैनकेक को तुरंत ही दूसरी सर्विंग प्लेट में रखें, प्रत्येक के ऊपर चम्मच से वैनिला आइसक्रीम डालें और तुरंत परोसें.

दारसान

सामग्री

16-20 वॉनटॉन रैपर्स (पृष्ठ 91)
तेल, तलने के लिए
1 बड़ा चम्मच मक्खन
¼ कप शक्कर
¼ कप शहद
2 बड़े चम्मच तिल, सूखे सेंके हुए
2 बड़े चम्मच आइसिंग शुगर

विधि

1. वॉनटॉन रैपर्स के बीच में आठ से दस लम्बे चीरे लगाएं, किनारों को वैसा ही रखें. ऊपर से नीचे के किनारों को पानी से गीला करें तथा उन्हें एक साथ लाकर चॉकलेट के रैपर की तरह मोड़ें. किनारों को दबाकर चिपका दें.
2. कड़ाही में तेल गरम करें; वॉनटॉन रैपर्स को एक मिनट तक कुरकुरा और सुनहरा भूरा होने तक तलें. तेल सोखनेवाले कागज़ पर रखें, फिर उथली प्लेट पर रखें. ये गरम रहने चाहिए.
3. एक पैन में मक्खन का एक बड़ा चम्मच पानी और शक्कर डालकर गरम करें. शक्कर गल कर हल्की सुनहरी भूरी होने तक पकाएं. आँच कम कर शहद डालकर चलाएं. इस गरम घोल को तले हुए वॉनटॉन पर डालें.
4. सेंके हुए तिल छिड़ककर उस पर आइसिंग शुगर डालकर गरमा-गरम परोसें.

मैंगो वॉनटॉन्स

सामग्री

1 कप डिब्बाबंद आम का गूदा
3 बड़े चम्मच कॉर्न फ़्लॉर
वैनिला आइसक्रीम

वॉनटॉन रैपर्स
2 कप मैदा
तेल तलने के लिए

विधि

1. कॉर्न फ़्लॉर को एक कप पानी में घोल लें.
2. एक कड़ाही में आम का गूदा और कॉर्न फ़्लॉर का घोल डालें; पकाएं, लगातार चलाएं, जब तक मिश्रण गाढ़ा होकर कड़ाही के किनारों को छोड़ने न लगे. एक ओर ठंडा होने के लिए रख दें.
3. वॉनटॉन रैपर्स के लिए आधा कप गरम पानी डालकर मैदे का कड़क आटा गूँथ लें.
4. बड़े और पतले चौकोर आकार में उसे बेल लें, करीब एक मिलीमीटर मोटा. इसके तीन इंच के चौकोर टुकड़े कर लें.
5. प्रत्येक चौकोर पट्टी के मध्य में आम का भरावन रखें. तिकोने आकार में मोड़ें. दोनों किनारों को पास लाकर मोड़ लें और सिरे को हल्का पानी लगाकर गीला करें और दबाकर मुँह बंद कर दें.
6. कड़ाही में तेल गरम करें और वॉनटॉन्स को सुनहरा होने तक तलें. निकालकर कागज़ पर रखें.
7. वैनिला आइसक्रीम के साथ गरमा-गरम परोसें.

चिकन स्टॉक

सामग्री

200 ग्राम चिकन की हड्डियाँ
1 मध्यम आकार का प्याज़, चार टुकड़े किए हुए
1 मध्यम आकार की गाज़र, 2-3 बड़े टुकड़े किए हुए
1 सेलरी डंठल, टुकड़े किए हुए
2-3 पार्सले डंठल, टुकड़े किए हुए
1 लीक पत्तियों सहित, टुकड़े किए हुए
6-7 काली मिर्चें
5-6 लौंग
1 तेज़पत्ता

विधि

1. हड्डियों को धोकर साफ कर लें, चर्बी के टुकड़े लगे हों तो निकाल लें. आवश्यक पानी गरम कर उसमें हड्डियाँ डालकर पाँच मिनट तक उबाल लें. हड्डियों को निकालकर पानी फेंक दें.
2. आधी उबाली हुई हड्डियों में प्याज़, गाजर, सेलरी, पार्सले, लीक, काली मिर्च, लौंग और तेज़पत्ता आदि एक डीप पैन में डालकर उसमें दस कप पानी डालें. उबालें, ऊपर आनेवाले गंदे झाग को निकालकर उतना ही ठंडा पानी डालें. कम से कम एक घंटे तक मध्यम आँच पर इसे उबालें.
3. आँच बंद कर इसे छान लें. ठंडा कर इसे फ्रिज में रखें. इसे दो दिन तक ही रखा जा सकता है.

शेफ़ का सुझाव

चिकन के जो भाग उपयोग में नहीं आते हैं, जैसे गर्दन, पंख, हड्डियाँ आदि स्टॉक बनाने के लिए उपयोग कर सकते हैं.

चिली ऑयल

सामग्री

1¼ कप मूंगफली का तेल
6 बड़े चम्मच सूखी लाल मिर्च के टुकड़े
2-3 छोटे चम्मच लाल मिर्च पाउडर
1-2 बड़े चम्मच तिल का तेल

विधि

1. कड़ाही में तेल गरम करें. उसमें लाल मिर्च डालकर कम आँच पर कम से कम दस मिनट तक पकाएं. एक ओर ठंडा होने के लिए रख दें.
2. उसमें लाल मिर्च पाउडर और तिल का तेल डालें. उसे कम से कम बारह घंटे तक ढंककर रखें.
3. इसे छानकर धुले हुए साफ जार में बंद कर ठंडी जगह पर रखें.

फ़िश स्टॉक

सामग्री

200 ग्राम मछली के काँटे, सिर और चमड़ी
1 मध्यम आकार का प्याज़, छीलकर पतले टुकड़े किया हुआ
2-3 इंच सेलरी डंठल, ½ इंच के टुकड़े किए हुए
1 बड़ा ताज़ा बटन मशरूम, पतले टुकड़े किया हुआ
1 तेज़पत्ता
4-6 काली मिर्चें

विधि

1. एक बड़े बर्तन में पाँच कप पानी लेकर उसमें मछली के काँटे, सिर, चमड़ी (मछली के जो भाग इस्तेमाल नहीं होते हैं), प्याज़, मशरूम, तेज़पत्ता, काली मिर्च डालकर उबाल लें.
2. इसे मध्यम आँच पर पंद्रह मिनट तक उबालें. यदि ऊपर गंदा झाग आता है, तो उसे निकालकर फेंकें.
3. बर्तन को आँच से उतारकर स्टॉक छान लें और तुरंत इसका इस्तेमाल करें.

शेफ़ का सुझाव

फ़िश स्टॉक फ्रिज में नहीं रखें, क्योंकि इसकी तेज़ गंध से दूसरी वस्तुएं प्रभावित हो सकती हैं.

शेज़वान सॉस

सामग्री

10-12 सूखी लाल मिर्चें
½ कप तेल
10 लहसुन की कलियाँ, बारीक टुकड़े की हुईं
2 हरी मिर्चें, बारीक टुकड़े की हुईं
2 हरे प्याज़, बारीक टुकड़े किए हुए
1 इंच अदरक, छीलकर कसा हुआ
½ कप पानी या वेजिटेबल स्टॉक (पृ. 96)
2-3 इंच सेलरी डंठल, बारीक टुकड़े की हुईं
3 बड़े चम्मच टोमैटो केचप
2 छोटे चम्मच सफ़ेद सिरका
2 हरे प्याज़ की पत्तियाँ, बारीक टुकड़े किए हुए
नमक स्वादानुसार

विधि

1. एक कप पानी में लाल मिर्च पाँच-सात मिनट तक उबालें. छानकर ठंडा करें और पीस लें.
2. कड़ाही में तेल गरम करें; उसमें लहसुन, हरी मिर्च, हरा प्याज़ और अदरक डालकर एक मिनट तक भूनें. उसमें लाल मिर्च पेस्ट डालकर कुछ देर और भूनें.
3. उसमें वेजिटेबल स्टॉक, सेलरी, टोमैटो केचप और नमक डालकर चलाते हुए अच्छी तरह मिला लें.
4. उसमें सिरका और हरे प्याज़ की पत्तियाँ डालकर चलाएं. एक मिनट तक उबालें और आँच से उतार दें.
5. ठंडा करें और सम्भव हो तो फ्रिज में ही रखें. इसे आप एक महीने तक रख सकते हैं.

वेजिटेबल स्टॉक

सामग्री

1 मध्यम आकार का प्याज़, छिला और कटा हुआ
½ मध्यम आकार की गाजर, गोल पतली कटी हुई
2-3 इंच सेलरी डंठल, कटे हुए
2 लहसुन की कलियाँ, छीलकर कुचली हुईं
1 तेज़पत्ता
5-6 काली मिर्चें
2-3 लौंग

विधि

1. सारी सामग्री को एक बर्तन में डालकर पाँच कप पानी डालें और एक उबाल आने तक उबालें.
2. फिर धीमी आँच पर पंद्रह मिनट तक उबालें और छान लें.
3. ठंडा करें और जार में भरकर इसे फ्रिज में रखें. वेजिटेबल स्टॉक को फ्रिज में दो दिन तक ही रखा जा सकता है.